AF232252

LA COLONIE

ALSACIENNE-LORRAINE

A TROYES

~~~~~~~~~~~~~~~~~~~~~

HOMMAGE

DE RECONNAISSANCE

Aux Bienfaiteurs de l'Œuvre

SOUVENIR AFFECTUEUX

Aux Parents et Amis

Au profit de l'Œuvre

Dépôt des brochures : Rue des Terrasses, 34.
~~~~~~~~~~~~~~~~~~~~~

DÉPÔT LÉGAL
1873

RAPPORT

DU R. P. THRO

SUR

L'ŒUVRE CATHOLIQUE

DES ALSACIENS-LORRAINS

A TROYES

LU DEVANT MONSEIGNEUR L'ÉVÊQUE

Dans l'Eglise Saint-Nizier, le 3 Août 1873

A L'OCCASION DE LÁ FÊTE PATRONALE DE L'ŒUVRE

TROYES

IMPRIMERIE ET LITHOGRAPHIE DUFOUR-BOUQUOT

Rue Notre-Dame, 43 et 41

1873

au patriotisme malheureux de ses chers compatriotes :

1° Qu'il recevra avec reconnaissance toutes sortes de secours qu'on voudra lui envoyer, soit en argent, soit en nature;

2° Que, parmi les secours en nature, il préférera des articles de vêtements, surtout pour des enfants de dix à quinze ans ;

3° Qu'il s'oblige à dire deux messes par mois pour les bienfaiteurs de l'Œuvre.

P. Thro, S. J.

Rue des Terrasses, 34.

RAPPORT

DU R. P. THRO

SUR

L'ŒUVRE CATHOLIQUE

DES ALSACIENS-LORRAINS

A TROYES

LU DEVANT MONSEIGNEUR L'ÉVÊQUE DANS L'ÉGLISE SAINT-NIZIER

LE 3 AOUT 1873

A l'occasion de la fête patronale de l'Œuvre (St Ignace) (1)

I.

Monseigneur,

Il y a quarante ans, c'était en 1832, quelque temps après la chute à jamais déplorable de la Pologne succombant sous le fer du colosse moscovite; jeune encore, j'ai vu émigrer en Alsace une colonie de ces braves Polonais, victimes de leur patriotisme, venant nous demander avec l'hospitalité la faveur de vivre et de mourir dans la sainte religion chrétienne catholique. Je ne me rappelle que vaguement les impressions pénibles qui remuèrent alors ma jeune âme; certainement, toutefois, je ne pensais pas que, quarante ans plus tard, moi aussi je ferais partie d'une colonie d'exilés venant ici à Troyes pleurer et gémir sur notre chère Alsace, sur notre bien-aimée Lorraine, si indi-

(1) Voyez première notice, p. 21.

gnement arrachées à la mère-patrie, par un vainqueur impitoyable, et par un *traité* A JAMAIS HONTEUX.

Hélas! l'avenir des choses humaines nous est toujours caché; ses horizons sont fermés à nos regards ; nous ne sommes sûrs que du présent.

Oui, il y a quarante ans, comme aujourd'hui, j'avais la certitude d'un grand malheur accompli; c'était la certitude du présent. Trop jeune pour concourir au soulagement des exilés polonais, j'ai du moins eu le bonheur de voir ma chère Alsace se dévouer généreusement au service de la charité en faveur de la malheureuse colonie polonaise.

Oui, j'ai vu s'organiser les Comités des Polonais ; j'ai lu la lettre circulaire de l'illustre évêque de Strasbourg, Lepape de Trévern, dans laquelle sa grande âme se préoccupait si activement des intérêts religieux de la colonie polonaise.

Monseigneur, l'histoire répète quelquefois, dans un même siècle et à des époques assez rapprochées, certains événements qui, dans les desseins de la Providence, sont pour les générations intermédiaires des leçons sérieuses et sévères.

Les événements de 1872 ne sont-ils pas ceux de 1832? L'Alsace et la Lorraine, naguère provinces françaises, détachées maintenant de la mère-patrie, viennent de subir le sort de la malheureuse Pologne. Une colonie de deux cents mille Alsaciens-Lorrains est venue, en 1872, se réfugier en France, comme, en 1832, on a vu des milliers de Polonais exilés nous demander abri sur notre sol hospitalier.

La ville de Troyes a été en 1872, pour un grand nombre des exilés alsaciens-lorrains, ce que Strasbourg a été en 1832 pour les réfugiés polonais, et vous, Monseigneur, vous avez renouvelé dans ces dernières circonstances le dévouement du grand et illustre évêque de Strasbourg. Oui, ce que ce Prélat de glorieuse mémoire a fait jadis pour la colonie polonaise en Alsace, votre Grandeur vient de le faire pour nos compatriotes exilés.

II.

Il y a quinze ans, alors déjà la paroisse Saint-Nizier (1) devint le centre d'une population assez considérable d'Alsaciens-Lorrains.

Grâce au talent rare de M. l'abbé d'Antessanty (2), qui, par exception, a su vaincre en peu de temps les difficultés de la langue allemande; grâce à son dévouement digne de toute notre reconnaissance, vous avez pu, Monseigneur, pourvoir alors aux besoins spirituels de cette nouvelle portion de votre troupeau. Mais quels que fussent le zèle et le dévouement de cet homme distingué, de ce digne et excellent prêtre, il ne pouvait plus suffire aux nécessités urgentes de la circonstance lors de l'émigration des Alsaciens-Lorrains en 1872.

Plus de cinq mille émigrés vous demandèrent, un jour, un pasteur qui fût le leur et qui s'occupât uniquement de leurs intérêts religieux.

Dans ces circonstances pénibles, Monseigneur, où votre sollicitude pastorale faisait de vains efforts pour répondre à des désirs si légitimes, la Providence vous vint en aide (3).

Par suite du décret de bannissement émané de

(1) Lieu des réunions pour le service divin des Alsaciens-Lorrains.
(2) Prêtre de Troyes.
(3) Voyez deuxième notice, page 23.

AVANT-PROPOS

Les Membres soussignés du Conseil de l'Œuvre des Alsaciens-Lorrains, à Troyes, tiennent à faire connaître que c'est sur leurs instances réitérées que le présent Rapport du R. P. Thro a été livré à l'impression, et cela dans le but de faire apprécier l'Œuvre qu'il dirige et de recommander à la charité publique les 400 familles nécessiteuses qui la composent.

Les Membres du Conseil de l'Œuvre,

Violand, Redler, Wehrling, Edel, Zinck, Kappler, Goetz, Bader, Walzer.

Troyes, 29 septembre 1873, fête de saint Michel.

Le P. Thro, Directeur de l'Œuvre des Alsaciens-Lorrains, à Troyes, s'associe de cœur aux vœux ci-dessus exprimés par les membres du Conseil.

Il fait connaître aux personnes qui s'intéressent

l'autorité prussienne, décret qui atteignit les religieux de la Compagnie de Jésus en Alsace-Lorraine, je vins me réfugier à Troyes. Votre Grandeur, instruite de mon arrivée, conçut à l'instant même le projet de créer l'Œuvre des Alsaciens-Lorrains. La Compagnie de Jésus, heureuse de pouvoir répondre à vos désirs, vous offrit ses services. Vous daignâtes les agréer, Monseigneur, et j'eus l'honneur de mériter votre confiance et d'être nommé par Votre Grandeur le Directeur de la nouvelle Œuvre. — Là ne devait pas se borner votre sollicitude. Par une lettre-circulaire adressée à MM. les Curés de la ville et de la banlieue, vous avez fait connaître vos intentions, et par cet acte épiscopal, la nouvelle Œuvre fut dûment établie.

Il nous manquait une église pour nos réunions, une chapelle pour les catéchismes et les congrégations ; par vos soins, Monseigneur, l'un et l'autre nous furent accordés. M. le Curé de Saint-Nizier (1) nous ouvrit son église, le R. P. Supérieur (2) de notre résidence nous accueillit dans sa chapelle.

Je suis heureux de pouvoir, en cette circonstance, leur en témoigner toute ma reconnaissance.

III.

Les dispositions préliminaires, quant à l'établissement de l'Œuvre, une fois réglées et fixées, il s'agissait de penser à son organisation définitive.

D'un côté, les éléments dont elle se compose, de l'autre, le but qu'elle a en vue exigeaient des combi-

---

(1) M. Prévost, curé; M. Herry, vicaire de Saint-Nizier.
(2) R. P. Ch. Lacouture.

naisons qui, tout en la resserrant dans les limites d'un ministère extraordinaire, lui permissent de faire sûrement le bien qu'elle se propose. Nos Alsaciens-Lorrains, placés dans des conditions exceptionnelles, n'étant pas libres pour la plupart les dimanches et fêtes, devaient nécessairement faire une exception regrettable dans l'application de la loi de l'Eglise, à moins d'être privés de tout secours religieux, et voilà ce qui nous a déterminés à prendre les dispositions suivantes :

Donc, les dimanches et fêtes, messe basse à cinq heures et demie dans la chapelle de notre résidence, accompagnée d'une courte instruction depuis l'évangile jusqu'à la consécration. De même, dimanches et fêtes, sermon à Saint-Nizier à une heure après midi. De plus, nos réunions extraordinaires à huit heures du soir, et nos assemblées dominicales à six heures du soir dans notre chapelle. De là, la facilité pour tous de profiter à leur temps libre du bienfait de la parole de Dieu.

Ces dispositions, pour satisfaire sans embarras aux premières exigences de la vie chrétienne, étant définitivement réglées, il fallait aviser aux moyens de développer et de conserver cette vie chrétienne dans les âmes.

De là, l'institution du catéchisme, et pour les petits enfants et pour ceux qui se préparent à la première communion, ainsi que pour les adultes.

De là, la congrégation du zèle pour le salut des âmes (1), qui est une espèce d'apostolat pour ses membres.

(1) Depuis le 3 août, jour où le présent rapport a été lu, on a organisé une congrégation d'hommes qui a pour but de former des fa-

De là, la dévotion du mois de Marie et des six dimanches de saint Louis de Gonzague, qui a pour but de favoriser la piété par la fréquentation des Sacrements.

IV.

Ces institutions que je viens d'énumérer, Monseigneur, pouvaient suffire pour développer et conserver la vie chrétienne qui est la fin prochaine de notre Œuvre ; pouvaient-elles de même suffire pour développer et conserver dans la jeune génération de nos exilés ce qui fait le côté caractéristique de l'Alsacien-Lorrain ? Non, pour cela il fallait l'*école*, et laquelle ? L'école *simultanée*, où l'idiome du pays natal, enseigné concurremment avec le français, fait de l'enfant exilé ce qu'il doit être, c'est-à-dire un Alsacien-Lorrain français.

Sans cette école, nos enfants perdraient insensiblement jusqu'au souvenir du pays natal, et conséquemment leur amour patriotique pour la France ; car, ne nous faisons point d'illusion, c'est l'esprit de PROVINCE qui entretient et vivifie le vrai patriotisme, et non l'esprit internationaliste moderne qui ne s'attache ni au sol, ni au foyer, et pour lequel la patrie n'est qu'un être abstrait et non une RÉALITÉ (1).

J'ajoute :

Sans l'école simultanée, nos enfants perdraient peu à peu le sentiment religieux qui distingue spécialement l'Alsacien-Lorrain ; car, enfin, quelle est la

milles chrétiennes et de contribuer à leur assistance, en cas de besoin, par une recommandation dûment méritée.

(1) *Patrie*, abréviation de *terra patria*, signifie : terre des aïeux ; de là : *Vaterland* en allemand, qui veut dire : pays des aïeux.

véritable raison pour laquelle l'Alsace et la Lorraine sont restées intactes au milieu de cette contagion de mauvais principes qui ont envahi, pour ainsi dire, la France entière? C'est le sentiment religieux que ces deux provinces ont tâché de conserver, et comment? Entre autres, par le maintien de la langue maternelle.

Aussi est-ce un fait incontestable que les ministres des différents cultes de ces provinces, quoique désunis dans leurs croyances, étaient toujours unis ensemble pour conserver l'école simultanée, c'est-à-dire l'école allemande-française.

Voilà ce qui explique, en grande partie, pourquoi l'Alsacien-Lorrain, quel que soit son culte, est resté croyant et a échappé à la propagande de l'irréligion.

Ces raisons, Monseigneur, et d'autres que je passe sous silence, je les ai fait valoir, il y a quelques mois, devant l'autorité compétente, à l'effet d'obtenir une école simultanée.

Ma pétition a été favorablement accueillie. L'école allemande-française est admise en principe : celle des filles a été ouverte le 19 juin dernier (1).

Je n'espère pas moins de la sollicitude de la Municipalité de Troyes pour l'ouverture prochaine de l'école des garçons (2).

Monseigneur, si je me suis permis d'entrer dans tous ces détails, si j'ai été un peu long en les énumérant, c'était pour que Votre Grandeur eût une idée

---

(1) Grâce aux soins empressés de M. Henry, maire de la ville. Elle se trouve rue Cloître-Saint-Etienne. Une sœur de saint Vincent-de-Paul la dirige. Elle fait en même temps la visite des pauvres et des malades alsaciens-lorrains.

(2) Cette mesure est urgente en ce moment, où une centaine de garçons de 11 à 16 ans, qui ne savent ni lire, ni écrire, sont sans travail.

néral favorablement connu). Il paraît ; on l'applaudit. A l'instant même, il donne ses ordres avec la précision d'un commandant militaire : « Enfants, en avant, deux à deux ; » chanteurs, placez-vous derrière les enfants, quatre à » quatre ; jeunes gens, suivez les chanteurs, deux à deux ; » hommes, placez-vous derrière les jeunes gens, deux à » deux ; demoiselles et dames, faites file aux hommes. »

» Dans un clin-d'œil la procession était organisée. Elle se joignit à celle de la paroisse, bannière en tête. Sur tout le parcours, hommes, femmes, enfants, disaient tout haut le chapelet. — Les cantiques du pays natal, chantés à l'unisson, résonnaient gravement dans les rues. Les habitants des quartiers de la paroisse semblaient sympathiser avec nous. Ils comprenaient notre manifestation ; ils prenaient une vive part à notre deuil et à notre espérance. Notre bannière, nos insignes à couleur noire et verte, les ont touchés jusqu'aux larmes. Beaucoup ont dit : « Oh ! les bonnes gens ! leur foi les sauvera. » A la fin de la procession, nous étions de nouveau rassemblés sur la place Saint-Nizier, autour de notre bannière. — Ce fut alors un spectacle imposant : plus de 1,200 voix chantèrent le *Te Deum* du pays natal (Grosser Gott), avec le refrain : « Grand Dieu ! ce que tu étais avant tous les temps, tu le seras *toujous ! toujours !* »

» Après cette hymne triomphale, le R. P. Thro, avec sa voix sonore et sa parole incisive et sympathique, nous dit : « Enfants de l'Alsace et de la Lorraine, vous vous êtes mon- » trés dignes de ce jour, dignes de votre position et de votre » foi. Oui, vous êtes de vrais Français chrétiens catholiques. » Le ciel vous contemple, la ville vous admire. — Vos pe- » tits enfants, témoins de ce jour, en conserveront le souve- » nir. Ce sera une tradition de père en fils de votre foi et de » votre bravoure à confesser sans respect humain Jésus- » Christ votre sauveur. J'espère beaucoup de cette manifes- » tation. — Dieu aura pitié de nous. — Allez en paix ! »

» Là-dessus, quelle scène émouvante ! Les enfants enve- loppèrent en masse le P. Thro et le tinrent prisonnier au milieu d'eux, au moins pendant cinq minutes, le couvrant de leurs caresses. — On conduisit le bon Père jusqu'à son couvent, bannière déployée . . . .

» Ah ! ma chère sœur, quel beau jour que celui du 22

juin! Oui, maintenant, plus que jamais, *je crois*, plus que jamais *j'espère ;* plus que jamais, *j'apprécie* notre sainte religion qui seule a le secret de consoler...

» Agréez.....

» Votre frère,

» A. Violand,

» ancien Instituteur. »

SIXIÈME NOTICE.

Extrait du journal LE PROGRÈS NATIONAL *(20 août 1873).*

Foi et Espérance !

Nos Alsaciens-Lorrains établis à Troyes ne négligent aucune occasion pour manifester les sentiments que leur inspire la noble devise : *Foi et Espérance.* Le jour de l'Assomption, ils ont célébré solennellement la procession du vœu de Louis XIII.

A une heure précise, le R. P. Thro était en chaire. Il n'a parlé qu'un quart d'heure ; mais dans cette courte allocution, que de choses ont été touchées ! Chaque mot portait ; cela scintillait d'*à-propos,* d'*actualité ,* de rapprochements historiques qui semblaient refléter jusqu'aux moindres circonstances le *passé* dans le *présent.*

Le peuple d'Israël loin de ses foyers, captif en Egypte, ses pleurs, ses gémissements, sa *foi,* son *espérance,* Dieu qui le soutient, le console par ses prophètes, Moïse qui le délivre ; — la marche triomphale de ce peuple vers la terre promise ; tous ces faits historiques de la Bible appliqués à la colonie alsacienne-lorraine faisaient palpiter d'émotion la foule compacte qui écoutait le P. Thro.

Il fut un moment où tous se sentirent enlevés par un enthousiasme subit, ce fut quand le R. P. Thro, parlant de Jéricho qui s'opposait au passage des Israélites, s'écria :

« Tes murs, ô fière Jéricho ! tomberont, et non devant une armée qui veut te prendre d'assaut, mais devant un claire et précise de l'organisation de notre œuvre, et que par là Elle pût juger des résultats qu'elle promet.

V.

Il n'y a que dix mois que notre œuvre fonctionne, et, dans ce court espace de temps, nous avons à constater des choses assez consolantes.

Nos Alsaciens-Lorrains, oublieux de leurs devoirs religieux au commencement de leur émigration, ont repris peu à peu les habitudes de la vie chrétienne. Ils assistent régulièrement à la messe, dans notre chapelle, les dimanches et fêtes. Ils y viennent avec l'habit de l'ouvrier, obligés qu'ils sont de se rendre immédiatement après dans leurs fabriques et leurs ateliers. — Dieu leur saura gré de leur bon vouloir.

Le sermon de une heure à Saint-Nizier comme les instructions à six et à huit heures du soir dans notre chapelle sont fréquentés à ma plus grande satisfaction (1).

Le résultat que je désirais est obtenu : tous profitent à leur loisir du grand bienfait de la parole de Dieu.

Le catéchisme de persévérance compte 75 adultes, jeunes gens, jeunes filles.

Les absences y sont rares; elles sont toujours bien motivées. La Congrégation du zèle, pour le salut des âmes, a ramené des centaines de personnes à la pratique de la vie chrétienne : ceux-ci à l'assistance de la messe, les dimanches et fêtes, ceux-là au devoir d'entendre la parole de Dieu et de faire leurs Pâques.

(1) Voyez 3ᵉ notice, p. 25.

Sous l'influence active de cette Congrégation, beaucoup ont eu le bonheur de rompre des relations illicites, ou de régulariser leur situation par le mariage religieux.

Que dirai-je de la dévotion du Mois de Marie et des six dimanches en l'honneur de saint Louis de Gonzague ? La fréquentation des sacrements qui, en ce moment, fait la vie de notre Œuvre, est due à ces deux institutions.

La première communion, qui a été aussi solennelle (1) qu'édifiante, a porté ses fruits. Les enfants qui en ont fait partie nous réjouissent par leur persévérance dans le bien.

A la dernière confirmation nous avons eu le bonheur de voir, outre les enfants, 45 adultes, jeunes gens, jeunes filles, hommes, femmes, s'empresser à recevoir ce sacrement de la Foi, hélas ! si négligé de nos jours.

Le catéchisme des petits enfants a eu pour premier résultat d'en préparer 86 à se confesser pour la première fois, bienfait dont ils auraient été privés pour longtemps dans d'autres circonstances.

La nouvelle école prospère. Il n'a fallu qu'un mois aux enfants pour y apprendre à lire et à écrire en allemand et en français. C'est là une preuve expérimentale de l'avantage incontestable de l'école simultanée.

La vitalité de notre Œuvre s'est surtout manifestée au temps pascal. La plupart, à quelques exceptions près, se sont empressés de remplir leur devoir de chrétien catholique.

Le milieu où se trouve nos Alsaciens-Lorrains pou-

(1) Voyez 4ᵉ notice, p. 27.

vait plus ou moins entraver l'élan natif de leurs sentiments religieux. Dieu merci! le respect humain! ils l'ont foulé aux pieds à la dernière procession de la Fête-Dieu (1).

335 enfants, 483 hommes, 528 femmes, bannière en tête, le ruban de l'exil sur la poitrine, le chapelet en main, priant tout haut, chantant de cœur les cantiques du pays natal ; c'était là, Monseigneur, la manifestation religieuse de notre Œuvre, le 22 juin, manifestation qui témoignera à jamais de la foi de nos exilés et de leur bravoure à confesser solennellement Jésus-Christ et sa sainte religion.

Monseigneur, c'est une esquisse assez incomplète que je viens de crayonner. Cependant cet aperçu rapide des résultats de notre Œuvre suffira, je l'espère, pour vous en faire connaître et apprécier toute l'importance.

VI.

Ah ! je frémis quand je suppose pour un moment mes compatriotes sans le secours de cette Œuvre dans les circonstances où ils se trouvent: Natures ardentes, aussi faciles pour le mal que pour le bien, que seraient-ils devenus, si, dans ce milieu où l'exil les a jetés, ils avaient été abandonnés à eux-mêmes ? — Sans lien moral, en-dehors des habitudes religieuses que crée et conserve la Paroisse, trop faibles pour s'exciter eux-mêmes à la pratique de la religion, ils auraient négligé les devoirs les plus essentiels du chrétien. Que dis-je ! ils auraient perdu en peu de temps leur seul et unique bien, leur seule et unique consolation : La Foi.

(1) Voyez 5e notice, p. 31.

Mais non, chers exilés, Dieu, en permettant les épreuves qui vous affligent, a dit de vous ce qu'il disait autrefois de Job en laissant au démon libre carrière de l'éprouver : « Je veux que leur âme reste hors de toute atteinte, je veux que la Foi qui est la vie de leur âme, reste intacte en eux. »

O chère ! ô bien-aimée Alsace-Lorraine ! en pleurant sur ta tombe comme autrefois Marthe sur celle de Lazare, son frère, il me semble entendre ces paroles que Jésus-Christ lui disait en cette triste circonstance : « Je suis la résurrection et la vie ; celui qui croira en moi vivra, quand même il serait mort. »

Oui, tu revivras, tu ressusciteras, chère Alsace-Lorraine, si tu conserves ta première et antique foi, cette arme avec laquelle tu as triomphé de tout temps de tes ennemis. C'est elle, c'est la *Foi* qui a fait de tes enfants un peuple de braves et de héros, quand Gustave-Adolphe, l'Attila du seizième siècle (1) vint, avec le fer et le feu, ravager tes belles provinces. En mourant au milieu des tortures, tes enfants disaient au farouche soldat suéduois : « Tu peux nous ôter la vie, mais non la Foi !

Oui, c'est elle, c'est ta *Foi* qui a triomphé du séide de Luther, de ce Jean de Sickingen (2) qui, au nom

(1) Voyez : Gfröer, Klopp, Soden (historiens allemands).

(2) Puissant seigneur de la Basse-Alsace, dont le château-fort, bâti sur le Hohenburg, couronne encore les hauteurs de ses ruines majestueuses. Traître à Dieu, par sa révolte contre l'Eglise, il devint traître à l'empereur Charles-Quint, d'abord en promettant à François Ier de lui faire passer la couronne de l'Empire moyennant 5,000 livres de rentes annuelles ; puis en se mettant à la tête de la conspiration des seigneurs luthériens des deux rives du Rhin pour s'adjuger à lui-même la couronne.

(Esquisses historiques et critiques, ouvrage allemand nouvellement paru).

du nouvel évangile, réformé prêchait la violation des propriétés, et qui, pour arriver à l'Empire, lâchait les écluses des passions populaires en favorisant le pillage des châteaux, des églises et des couvents, tout en se réservant la part du lion.

C'est dans ces circonstances décisives, où ordinairement les gens de bien tremblent, restent inertes et se courbent comme des lâches sous le fer du terrorisme, que tes enfants catholiques, chère Alsace-Lorraine, restèrent inébranlables dans leurs principes d'ordre et de Foi, et préservèrent de l'infamie ton nom et ta gloire en se battant et en mourant en braves.

Oui, c'est elle, c'est *ta Foi* qui a résisté aux velléités rapaces de Frédéric II (1), le restaurateur de la race des Brandebourg, comme elle a résisté naguère à l'invasion formidable de Guillaume Ier, son digne descendant.

Et n'est-ce pas encore ta Foi, chère Alsace-Lorraine, qui a conservé au cœur de tes enfants le patriotisme qui les distingue et les rend capables des plus grands sacrifices ?

Ton insolent vainqueur, O Alsace, ma mère ! voudrait te ravir en ce moment cette force mystérieuse qui est *ta Foi*. Il vient de falsifier ton histoire (2), et dans une page aussi menteuse qu'arrogante il ose dire à tes malheureux enfants : « Protestants vous étiez, protestants vous serez ; Allemands vous étiez, Allemands vous resterez. » A cette fausseté historique, à cette injure sanglante, tes enfants, ô Alsace, ma

(1) Voyez : Schlosser, Gfrörer, *Histoire du* XVIIIe *siècle.*

(2) Auteurs de cette nouvelle histoire adoptée dans les lycées et écoles supérieures en Alsace : Ottokar Lorentz, Guillaume Scherrer.

mère, répondront : « Catholiques nous étions, catholiques nous resterons ; Français nous étions, Français nous redeviendrons ; la Foi qui nous anime changera nos destinées. »

Oui, tu revivras, ô Alsace, ma mère ! Tu ressusciteras, ô Lorraine, mon infortunée sœur ! La Foi qui fait la gloire et la force de vos enfants est le gage de votre résurrection.

Le peuple d'Israël, sur les bords des fleuves de Babylone, espérait parce qu'il *croyait*. Il y a eu pour ce peuple croyant un Moïse, un Josué pour briser ses chaînes et le restituer dans ses droits. Ce libérateur providentiel, nous l'espérons, si la France notre mère reste fidèle à la foi de Clovis, de Charlemagne et de saint Louis. — Quant à nous, pauvres exilés, nous ferons comme le peuple d'Israël dans sa captivité, nous conserverons intacte notre Foi.

Oui, *Foi* et *Espérance*, cette noble devise de notre bannière, sera dans notre exil le cri constant de nos cœurs (1).

VII.

Monseigneur, si l'histoire de la ville de Troyes répète avec reconnaissance aux générations futures le nom de saint Loup (2), son évêque, à cause de la protection toute particulière dont il l'a favorisée en la sauvant de la fureur d'Attila, les Annales de l'Alsace-Lorraine mentionneront avec non moins de gratitude votre nom à cause du grand bienfait dont vous avez prévenu ses enfants exilés en créant la grande Œuvre

(1) Voyez 6ᵉ notice, ci-après.

(2) La fête de saint Loup coïncidait avec la fête patronale de l'Œuvre des Alsaciens-Lorrains.

alsacienne-lorraine qui a pour but de sauvegarder leur foi, et par là leurs intérêts les plus chers.

Et que dirai-je de la noble cité qui nous abrite en ce moment, et qui a été pour nous une seconde Providence dans les premiers jours de notre émigration?

O ville de Troyes ! en recueillant dans ton sein tes infortunés frères de l'Alsace-Lorraine, tu as honoré dignement leur patriotisme et donné une· nouvelle preuve de la charité traditionnelle qui t'anime !

Oui, l'histoire redira à la postérité que Troyes, cette ville antique qui, en 438, sut éloigner de ses murs Attila, le fléau de Dieu, recueillit dans son sein, en 1872, les malheureuses victimes de ce César du Nord, qui, sans s'appeler Attila, a été le fléau de Dieu pour la France.

Oui, ce sera une belle page dans les annales de cette ville, celle qui dira les efforts généreux de sa charité pour créer des ressources durables à des milliers d'exilés de l'Alsace-Lorraine. En attendant, je me fais un devoir de signaler ces faits et de rendre un hommage tout *particulier* de reconnaissance au premier Magistrat du département (1), à qui revient le mérite de l'institution du Comité alsacien-lorrain, organisé par ses soins aussi dévoués que sages.

Nous serions trop incomplets, Monseigneur, si, dans cette circonstance solennelle, je ne rappelais pas au souvenir de mes compatriotes ce qu'ils doivent aux soins empressés et généreux de MM. les Membres du Comité (2) établi en leur faveur en cette ville.

---

(1) Paul Cambon, ex-préfet de l'Aube.

(2) MM. Brunck (Richard), Broussey, Emmanuel Buxtorf, Coquet-Vivien (Paul), Desforges, Douine (Hippolyte), Falck, Fréminet, Hoppenot (Emile), Journé (Eusèbe), Masson (Gustave), Evrard, Fontaine (Félix), Martel (Achille), Mortier (Auguste), Poron (Charles), Poron

Cette œuvre de bienfaisance a entretenu et assisté depuis le 8 octobre 1872 quinze cents familles et deux mille deux cents nécessiteux.

Ce sont là des résultats au-dessus de tout éloge, ils commandent à juste titre toute notre estime, toute notre reconnaissance (1).

Déjà, en trois circonstances, je m'étais fait un devoir de rendre hommage à cette œuvre de charité sans pareille. Qu'il me soit permis de renouveler ici ces mêmes protestations et de proclamer avec un sentiment non moins vif de gratitude le concours charitable dont la ville de Troyes et les communes du département ont secondé les efforts généreux du Comité alsacien-lorrain pour secourir mes malheureux compatriotes.

Je suis heureux, Monseigneur, de voir ici dans cette enceinte un grand nombre d'habitants de Troyes qui sont nos insignes bienfaiteurs. Je leur dirai, avec l'accent d'un cœur ému : « En venant participer à la fête de ce jour, vous nous exprimez vos sympathies et l'intérêt tout particulier que vous inspire notre position. Cette attention, plus que bienveillante, nous honore et nous touche; nous y répondons par la re-

(Amand), Simonnot (Charles), Chéron-Quinquarlet, Jolly, Bazin-Frérot, Saussier-Charve, Henry, maire, Huot (Gustave), Berthier (Charles), Berthier-Roblot.

(1) Il est à regretter que le Comité ne fonctionne plus comme AUPARAVANT.

Les besoins de la colonie alsacienne-lorraine à Troyes deviennent plus pressants que jamais. Dans les familles qui se composent pour la plupart de 4, 5, 6, 7 enfants, on gagne à peine pour vivre. Aussi ne se nourrit-on qu'à moitié. — Que sera-ce pendant l'hiver !! C'est le cas de dire avec saint Paul aux personnes charitables : « Etendez votre cœur de plus en plus et ne le resserrez pas. (II Corinth., v. 12 et 13.)

connaissance du cœur. En nous honorant de votre présence dans cette réunion, vous prenez part, non-seulement à notre joie, mais encore à notre deuil. Oui, à la vue de ces tristes victimes d'un patriotisme malheureux, votre cœur s'émeut et gémit, et vous entendez la *Charité* et la *Patrie* qui tout à la fois réclament SECOURS et ASSISTANCE.

Ces vœux, ces demandes empressées, vous les avez prévenus en voulant rester nos BIENFAITEURS. Je vous tends la main et vous remercie. La moindre aumône fera des heureux parmi nous. — Continuez donc l'œuvre que vous avez commencée et restez nos bienfaiteurs.

C'est une charge que vous vous imposez, je le sais, mais le désir de faire le bien ne calcule pas; d'ailleurs notre position d'exilés à Troyes n'est que transitoire : J'espère et j'aime à nourrir en moi cette douce confiance; oui, j'espère que bientôt la France, notre mère à tous, aura le bonheur de serrer sur son sein l'Alsace et la Lorraine, ces deux enfants chéries qu'elle ne cesse de pleurer; et que nous, vos obligés de cœur, nous aurons la consolation de vous dire pour adieu : « *Beati misericordes, quoniam ipsi misericordiam consequentur.* Bienheureux les miséricordieux, car ils obtiendront miséricorde ! ! » (S. Math. v. 7.)

PREMIÈRE NOTICE.

Extrait du PROGRÈS NATIONAL *du 8 août 1873.*

Dimanche dernier, 3 août, la colonie des Alsaciens-Lorrains, établie à Troyes, célébrait avec une piété touchante la fête de saint Ignace, qu'elle a choisi pour son patron.

Dès midi et demi, la colonie, bravant les ardeurs d'un soleil torride, était réunie sur la place Saint-Nizier. Vers une heure, les hommes et les jeunes gens, bannière en tête, précédés d'une fanfare de 15 musiciens, allèrent chercher Monseigneur l'Evêque au palais épiscopal. Tous portaient à la boutonnière le ruban noir et vert, emblème de deuil et d'espérance. Cordialement sympathique à cette pieuse manifestation, le Pontife, accompagné de ses grands-vicaires (1), entra dans les rangs qui s'ouvrirent respectueusement devant lui ; le cortége se mit en marche et le conduisit triomphalement, au son d'une excellente musique, à l'église Saint-Nizier, où devait avoir lieu la cérémonie. Cette belle et vaste église, aux nefs spacieuses, aux échos sonores, aux voûtes aériennes, était pleine d'une foule émue et recueillie ; un grand nombre d'habitants de Troyes avaient voulu s'associer à la joie de leurs frères exilés, et honoraient de leur présence sympathique cette religieuse solennité, à laquelle avaient été conviés M. le Préfet et les membres du Comité Alsacien-Lorrain.

Reçu à la porte de l'église avec les honneurs d'usage, Monseigneur l'Evêque prit place dans le banc-d'œuvre, et le R. P. Thro lut du haut de la chaire un rapport, en français, sur l'Œuvre des Alsaciens-Lorrains à Troyes, dont il est le supérieur. Il est impossible de rendre l'impression produite par ces pages admirables, toutes palpitantes d'émotion et de patriotisme, et lues avec cet accent énergique de foi et de conviction qui remue les cœurs les plus indifférents. Il y eut un instant, surtout, où bien des yeux se mouillèrent

(1) Mgr Robin, M. Vosdey, vicaires-généraux titulaires ; M. Lecler, M. Bacquiat, vicaires-généraux honoraires ; M. Leclerc, secrétaire-général ; M. Nioré, professeur du Grand-Séminaire ; M. Ecalle, chanoine honoraire, etc.

d'attendrissement : ce fut celui où le R. P. Thro rappela la devise inscrite sur la bannière : *Foi et Espérance.* A ce moment, cette noble bannière se dressa, ses plis s'agitèrent comme un souffle de Dieu ; un frisson électrique parcourut toute l'assemblée, en présence de ce cher symbole d'une fidélité que rien ne peut décourager.

En terminant, le R. P. Thro a remercié les membres du Comité alsacien—lorrain, ainsi que la ville de Troyes et tout le département, qui ont secondé généreusement leurs efforts. Il a ensuite prononcé une allocution en allemand, dans laquelle le souvenir évoqué du pays natal, des tombeaux des aïeux, des parents et des amis absents, a ému tous les cœurs ; nous avons vu bien des larmes briller sur les grosses moustaches.

Monseigneur l'Evêque a pris ensuite la parole pour remercier le R. P. Thro de son zèle et de son dévouement, et témoigner aux Alsaciens–Lorrains toute sa paternelle sympathie. Puis Sa Grandeur a donné le Salut, pendant lequel l'orgue et la fanfare accompagnaient les chants religieux. La cérémonie terminée, on s'est remis en procession pour reconduire Monseigneur au palais épiscopal. Cette fois, les petits enfants et les femmes s'étaient joints au cortége composé d'environ deux mille personnes. Un silence religieux régnait sur tout le parcours, la sympathie se lisait sur tous les visages. L'importante procession défila devant Monseigneur dans la cour de son palais, la musique joua ses plus beaux airs ; puis toute cette foule s'agenouilla pour recevoir une dernière bénédiction du pontife. Alors éclatèrent de toutes parts les cris de : Vive Monseigneur ! vive la France ! vive l'Alsace-Lorraine ! poussés par des milliers de poitrines palpitantes de foi et d'espérance.

Ainsi se termina cette belle et touchante cérémonie, qui fera époque dans les annales de la ville de Troyes et de la colonie Alsacienne-Lorraine. Son souvenir consolera bien des tristesses et essuiera bien des larmes.

G. A....

DEUXIÈME NOTICE.

Extrait du journal LE PROGRÈS NATIONAL.

On nous communique la lettre suivante, écrite par un Alsacien lors de l'inauguration de l'Œuvre Alsacienne-Lorraine dans l'église de Saint-Nizier. Nous sommes heureux de la reproduire, et nous applaudissons aux nobles sentiments dont elle est remplie :

« Troyes, le 28 Octobre 1872.

» Chers Parents,

» Tranquillisez-vous : ici, à Troyes, je puis faire ma religion aussi bien que chez nous. Nous avons un Père jésuite de l'Alsace, le R. P. Thro, exilé comme nous. Il sera notre curé. Dimanche dernier, le 27 octobre, il nous a prêché en notre langue maternelle pour la première fois. L'église, qui est une des plus grandes de la ville, était remplie d'Alsaciens-Lorrains. Oh ! que de larmes ont coulé pendant le sermon ! Le bon Père nous a dit tout en commençant :

« Enfants de l'Alsace et de la Lorraine, je vous tends la
« main et vous souhaite la bienvenue. Oui, soyez les bien-
» venus, vous, mes chers compatriotes, que je rencontre
» sur mon chemin de l'exil.

» En vous voyant, je me réjouis et m'attriste tout à la fois.
» Ah ! que de pénibles souvenirs m'accablent en ce moment !
» Le clocher du pays natal, les tombes de nos parents, nos
» frères, nos sœurs, nos amis, nos relations les plus chères,
» tout cela rompu ; loin de tout ce qui peut nous rappeler
» notre enfance, notre première jeunesse. Ah ! pouvons-nous
» y penser sans sentir notre cœur qui se déchire !!! Nous
» sommes à peu près comme les enfants d'Israel sur les
» bords des fleuves de Babylone ; comme eux, nous pleu-
» rons, mais au souvenir de notre chère Alsace, de notre
» bien-aimée Lorraine, perdues pour nous. Cependant, pre-
» nons confiance : Dieu est notre père ; il ne nous délaisse
» pas dans notre exil. »

» Puis, énumérant tout ce que la divine Providence a fait

pour notre bien spirituel ici à Troyes, le R. P. Thro a dit :
« Je suis venu au milieu de vous, au moment même où vous
» quittiez votre pays natal, et pourquoi? Pour être votre
» pasteur, votre Père et ami. Monseigneur l'Evêque, heu-
» reux de pourvoir à vos besoins spirituels, a profité de
» mon arrivée pour créer l'Œuvre catholique des Alsaciens-
» Lorrains..... »

» Venant ensuite à ce que Dieu a fait pour nous pour sub-
venir à nos besoins temporels, le R. P. Thro a rendu un
hommage tout particulier de reconnaissance à M. le Préfet du
département (1), à la municipalité de la ville, à M. le Maire,
et à tous les membres du Comité pour l'heureux succès de
la souscription ouverte en ville.

» Après cette esquisse éloquente de tout ce que la généreuse ville de Troyes a fait pour nous, le R. P. Thro, s'a-
dressant directement à son auditoire, nous dit :

« Je n'ai pas besoin de vous exciter à la reconnaissance ;
» vos cœurs attendris, par ce que je viens de vous dire,
» prient déjà pour vos nombreux bienfaiteurs. Cependant,
» si vous me le permettez, je vous dirai : Rendez-vous tou-
» jours dignes de la considération distinguée dont on vous
» honore. Oui, on vous estime, on vous admire, et on dit de
» vous : Voilà des gens dévoués et fidèles à la patrie. Et pour-
» quoi ? — Parce que vous êtes avant tout fidèles et dévoués
» à Dieu et à la religion : c'est là la cause ; c'est là la source
» du vrai patriotisme qui ne se dément jamais. Donc, mes
» chers compatriotes, soyez ici dans votre lieu d'exil ce que
» vous étiez dans votre pays natal, soyez des chrétiens prati-
» quants, remplissant fidèlement vos devoirs de religion et
» ne cédant jamais en rien au vil respect humain.

» Que de motifs pressants n'avez-vous pas pour rester ce
» que vous êtes, de pieux chrétiens catholiques! Je ne vous
» parle pas des avantages temporels et éternels que la Foi
» pratique vous procure ; j'en appelle ici à votre cœur et à
» vos souvenirs les plus chers. Que vous disaient vos parents
» au moment solennel de vos adieux ? En vous serrant dans
» leurs bras, ils vous disaient d'une voix étouffée par les
» larmes : Enfant, n'oublie jamais Dieu. Nous n'avons pas

(1) M. Paul Cambon.

» beaucoup à te donner en partant; mais, sache-le, la foi
» vaut plus que l'or et l'argent. Nous t'avons élevé chré-
» tiennement; reste comme tu es, bon chrétien catholique, et
» tu y trouveras le bonheur. »

» A ces dernières paroles du R. P. Thro, les larmes cou-
laient en abondance ; mais cette émotion s'accrut encore
quand le Père ajouta :

« Peut-être qu'à votre prochain retour dans vos foyers,
» vous ne retrouverez plus votre bon père, votre bonne et
» tendre mère ; mais quelle douce consolation pour vous en
» visitant leurs tombes de pouvoir dire : Chère mère, bon
» père, ici, sur votre pierre sépulcrale, votre enfant bien-
» aimé pleure et prie. En vous quittant, je vous avais pro-
» mis de rester toujours bon chrétien ; grâces à Dieu ! je
» n'ai jamais trahi ma foi. Chrétien, je suis, comme je l'ai
» été, chrétien je serai jusqu'à la fin pour être digne de vous
» et de mon Dieu. »

» Ces dernières paroles du R. P. Père prédicateur nous
brisèrent le cœur ; et nos sanglots furent une profession non
équivoque de la vivacité de notre foi et de notre détermina-
tion à y rester fidèles jusqu'à la fin.

» Ah ! quelle belle réunion que celle du 27 octobre dans
l'église Saint-Nizier ! Que le bon Dieu nous conserve longtemps encore le R. P. Thro; qu'il achève ici, au milieu de nous,
son long ministère qu'il a commencé à Paris en 1849, con-
tinué à Metz en 1852, et achevé dans la même ville en 1872,
le 11 août, au moment de son bannissement. Nous ne serons
certes pas si ingrats que les Prussiens qui, pour ses vingt-
quatre années de ministère envers leurs compatriotes à Paris et à Metz, lui ont voté l'exil.....

» Agréez, mes chers parents, etc.

» J. Sch... »

TROISIÈME NOTICE.

Extrait du Journal L'Aube *du 30 novembre 1872.*

Il paraît que la parole incisive et sympathique du R. P.
Thro, directeur de l'Œuvre des Alsaciens-Lorrains à Troyes,

attire toujours de nouveaux auditeurs dans ses réunions du dimanche. Voici ce qu'un de ses compatriotes vient de nous écrire :

« Monsieur le Rédacteur,

» Dimanche dernier, le 24 novembre, je m'acheminais, vers une heure du soir, du côté de l'église Saint-Nizier, où se font les réunions religieuses des Alsaciens-Lorrains.

» La pluie ne discontinuait pas, les rues étaient boueuses. La cloche, déjà en branle depuis dix minutes, faisait hâter le pas des derniers venus. Aussi, quel spectacle touchant de voir nos fidèles Alsaciens-Lorrains qui débouchaient en foule de toutes les rues sur la place Saint-Nizier ! La plupart venaient des extrémités de la ville et même de la banlieue.

» A une heure précise, le R. P. Thro était en chaire. Après la lecture de l'Evangile (celui du jugement dernier) (1), et un exorde court, mais clair et précis, il formula le sujet de son sermon en nous disant :

« Si je vous parle en ce moment du jugement dernier, ce
» n'est pas pour vous terrifier, mais bien pour vous consoler
» et vous encourager. Souvent, dans l'amertume de votre
» âme, vous êtes à vous demander : En sera-t-il toujours
» ainsi ? Justice sera-t-elle faite un jour ? — Oui, justice
» sera faite un jour, et cela au *jugement dernier* :

« *Justice,* pour proclamer votre *fidélité à Dieu et à la*
» *patrie ;*

» *Justice,* pour révéler au monde les *sacrifices* de votre
» *patriotisme ;*

» *Justice,* enfin, pour *confondre* et *stigmatiser* tous *ceux*
» qui ont plus ou moins contribué à détacher nos *deux pro-*
» *vinces* de la mère-patrie et à *ravir nos foyers.* »

» Les tableaux successifs de ce triple acte de la justice de Dieu, que le Père prédicateur fit passer rapidement sous nos yeux, nous émurent jusqu'aux larmes, et plus d'un auditeur se disait, sans doute, comme moi : Fais ce que tu dois et attends avec confiance le grand jour des révélations.

» Dans ce grand drame du jugement dernier, où le Père

_____

(1) Le dernier dimanche du cycle liturgique se termine par la lecture de l'Evangile du Jugement dernier.

prédicateur n'avait en vue que de consoler les pauvres exilés
de l'Alsace et de la Lorraine, il y un moment solennel, où
tous les auditeurs tressaillirent par un mouvement subit de
stupeur et de joie; c'était, lorsqu'après les révélations hon-
teuses (au jour du jugement) de tout ce qui avait *préparé* et
consommé l'abaissement à jamais déplorable de la France,
le Père prédicateur s'écria avec un ton inspiré : « O France!
» ma chère patrie! toi qui pleure sans vouloir te consoler,
» comme autrefois Rachel (1), cette mère éplorée, au sou-
» venir de ses enfants qui ne sont plus; ó France, ó ma
» chère mère! ranime ta confiance, et sûre d'un meilleur
» avenir, espère qu'avant le grand jour du jugement, jus-
» tice, justice sera faite contre les ennemis de ta gloire,
» comme fille aînée de l'Eglise. Oui, et cela bientôt, et sous
» leurs yeux, tu reprendras ton rang à la tête des nations,
» et tu redeviendras, comme toujours, le cœur du monde
» catholique (*gesta Dei per Francos*).
» A ces paroles, il se fit dans l'auditoire un silence pro-
fond, qui, bientôt après, fut interrompu par un long soupir.
Qu'était-ce que ce soupir? Pour moi, c'était l'effet de l'enthousiasme de pouvoir espérer que bientôt la France ressus-
citera à sa première gloire. Aussi suis-je sorti du sermon
l'âme réjouie et consolée de me savoir chrétien et Français.
» Agréez, etc. — Troyes, le 25 novembre 1872.

» A. R. »

QUATRIÈME NOTICE.

Extrait du journal le Progrès national *du 5 avril 1872.*

Dimanche dernier, c'était grand fête pour nos frères
d'Alsace et de Lorraine. On célébrait, dans la chapelle des
RR. PP. Jésuites, la cérémonie toujours si touchante des
Premières Communions. Elle empruntait à la situation de
ces pauvres enfants un intérêt plus vif et plus saisissant encore; elle était comme un sourire au milieu de poignantes
douleurs. Quarante enfants étaient appelés à s'approcher de
la Table sainte, pour y recevoir le Dieu bon et consolateur.

(1) Jérémie, ch. 31, v. 15.

peuple qui prie, devant un peuple qui fera une PROCESSION autour de ton enceinte (1). »

« Ah! reprit le R. P. en s'adressant à son auditoire, ah! que Dieu nous exauce! Qu'à la voix de nos prières, qu'en vue de la manifestation religieuse que nous allons faire se renouvelle pour nous le fait de JÉRICHO! »

En attendant, comme le peuple d'Israël, faisons avec foi notre *procession*, et prions instamment qu'il y ait bientôt pour nous un autre Louis XIV pour nous annexer de nou-veau à la France. »

L'instruction du R. P. Thro terminée, tous se rangèrent autour de leur patriotique bannière, et la procession se déploya imposante et recueillie. La fanfare, que nous avions appréciée déjà le jour de Saint-Ignace, se retrouvait à son poste, et tantot jouait seule, tantot accompagnait les litanies de la sainte Vierge. La statue de l'auguste Mère de Dieu était portée, ainsi que la bannière de Marie, par les demoiselles de Saint-Nizier qui, à la première demande, avaient accordé leur concours à cette pieuse cérémonie. Nous les remercions ici de leur dévouement. La procession parcourut la place Saint-Nizier, la rue Simart, une partie de la rue Saint-Jacques et de la rue de la Cité, puis revint à l'église où fut célébré le Salut solennel. Puis on reconduisit le R. P. Thro, bannière et musique en tête, jusqu'à la maison de la rue des Terrasses.

Nos frères exilés ont compris que c'est surtout par la protection de Marie qu'ils recouvreront leur sol natal et leur foyer domestique, Marie est la reine de la France *entière ;* elle rendra à de pauvres exilés, après une rude et laborieuse épreuve, le berceau de leurs premiers jours, la terre de leur prédilection, et le tombeau de leurs aïeux.

G. A....

(1) Lib. Josué, c. VI.

TROYES. — IMP. ET LITH. DUFOUR-BOUQUOT.

» d'amour et de reconnaissance que ceux de leurs pa-
» rents.

» Quant à moi, j'ai réuni vos noms à ceux de ces bons
» enfants au Saint sacrifice de la messe, et en retour de tous
» vos bienfaits, j'ai demandé pour vous à Dieu tout ce qui
» peut contribuer à votre bonheur temporel et éternel. »

Après avoir remercié MM. les membres du Comité, dont
la bienveillance est inépuisable, le R. P. Thro remercia aussi
M. l'abbé d'Antessanty, qui a affronté les difficultés que pré-
sente l'étude d'une langue étrangère, uniquement pour pouvoir instruire dans leur idiome maternel les enfants d'Alsace
et Lorraine.

L'office se termina à neuf heures un quart, par le chant
triomphal du beau *Te Deum* allemand. Puis le Père Thro
distribua à tous ses jeunes communiants des gâteaux qu'une
main généreuse avait envoyés pour eux.

Dans l'après—midi, la rénovation des promesses du
Baptême et la consécration à la sainte Vierge vinrent clore
dignement les exercices de ce beau jour.

Le lendemain eut aussi ses épisodes touchants. La
messe d'actions de grâces fut célébrée à huit heures et suivie
de la distribution des images commémoratives. La mère
d'une des enfants était morte le jour même de la première
communion. Par un sentiment délicat de fraternelle sympathie, toutes les premières communiantes assistèrent au service funèbre et suivirent le convoi jusqu'au cimetière, en
récitant tout haut leur chapelet, à la grande édification du
public.

Ce pieux devoir accompli, ils se réunirent de nouveau
autour du R. P. Thro, qui les conduisit à deux heures du
soir en pèlerinage à Notre-Dame-de-Lourdes, dans l'église
des Noës. Au pied de cette douce image, il leur parla encore
de la sainte Vierge et leur fit chanter des cantiques allemands en son honneur. Après un goûter champêtre pris sur
l'herbe naissante, ils revinrent à la chapelle de la rue des
Terrasses, où la prière du soir termina ce jour si bien em—
ployé.

Puissent les consolantes émotions de cette belle fête

rester gravées dans le cœur de ces chers exilés et leur faire
aimer toujours davantage la religion, leur mère, et la France,
leur patrie !

G. A....

CINQUIÈME NOTICE.

Extrait du journal LE PROGRÈS NATIONAL *du 1er juillet
1873.*

Lettre d'un Alsacien à sa sœur, religieuse de la congrégation de la Providence de Ribeauvillé, en Alsace.

» Troyes, le 23 juin 1873.

» Ma bien chère Sœur,

. . . . . » Le R. P. Thro, notre pasteur, ingénieux en
tout ce qui peut stimuler notre patriotisme et éveiller notre
foi, a voulu que la procession de la Fête-Dieu eût le cachet
de notre position d'exilés. Il a commandé une bannière dont
un côté est noir et l'autre vert, avec deux inscriptions :
« *Alsace et Lorraine. Foi et Espérance.* » De plus, il avait
fait confectionner des espèces de décorations avec les cou-
leurs de la bannière, que les jeunes gens et les hommes devaient porter à la procession.

. » Quinze jours avant la procession, le R. P. Thro a en-
voyé à tous ses compatriotes de l'exil une lettre lithogra-
phiée dont voici la teneur :

« Alsaciens-Lorrains, le 22 juin, à quatre heures du soir,
» soyez tous réunis sous la bannière de notre exil, sur la
» place Saint-Nizier, afin d'assister à la procession de la
» Fête-Dieu, et protester par là que nous, Alsaciens-Lor-
» rains, nous sommes Français chrétiens catholiques. »

» L'invitation du R. P. fut accueillie avec enthousiasme.
— Le 22 juin, à quatre heures du soir, nos compatriotes
remplissaient la place Saint-Nizier. La bannière était déployée. On attendait avec impatience notre général (c'est
bien le mot : le P. Thro, dans son regard, dans sa parole, dans
son commandement, dans sa marche, a le prestige d'un gé-

M. le Préfet (1), président du Comité alsacien-lorrain, avait mis gracieusement à la disposition du R. P. Thro la somme nécessaire pour pourvoir aux besoins les plus pressants, et procurer à ces pauvres petits des· vêtements en harmonie avec la solennité d'un si beau jour.

La cérémonie commença à huit heures. M. le Préfet, dans l'impossibilité d'y assister lui-même, comme il l'eût désiré, avait délégué, pour le remplacer, M. Brunck, conseiller de préfecture, vice-président du Comité (2), dont plusieurs membres s'étaient déjà adjoints à lui pour prendre leur part aux émotions de cette fête de famille.

M. l'abbé d'Antessanty, qui pendant quinze ans a pris soin d'instruire les Alsaciens-Lorrains établis à Troyes, avait été heureux, sur l'invitation du R. P. Thro, de témoigner par sa présence l'intérêt qu'il portera toujours à cette œuvre si belle, et aujourd'hui si admirablement constituée. Les parents et amis des enfants remplissaient la vaste chapelle, trop étroite en ce jour pour les contenir tous. Pendant la messe, des chants religieux allemands, exécutés par des Alsaciens-Lorrains et accompagnés par un organiste leur compatriote, excitaient dans toutes les âmes des sentiments de foi et de piété. Comme ces beaux cantiques allemands sont graves et religieux, et qu'ils ressemblent peu à nos cantiques sautillants, écrits trop souvent dans une mesure de valse ou de quadrille. En les entendant, nous nous croyions, par une douce illusion, transporté dans quelqu'une de ces églises de la Suisse allemande, où la foi est si vive et si vraiment exprimée.

Les enfants étaient graves, pénétrés et recueillis; le sentiment religieux se peignait sur leurs traits et dans leur maintien; ils avaient dans leurs yeux je ne sais quel reflet de pieuse tristesse et de candide innocence.

Avant la communion, le R. P. Thro prit la parole et prononça une allocution qui pénétra jusqu'au fond des cœurs. « Ce jour, disait-il, est en même temps un jour de tristesse et de joie; il ne saurait y avoir de joie parfaite dans l'exil, loin du pays natal. Et cependant, vous êtes heureux, parce

<hr>

(1) M. Paul Cambon.
(2) Actuellement sous-préfet à Briey (Meurthe-Moselle).

que votre cœur est pur et votre conscience sans tache. Gardez toujours ce bonheur; et vous, parents, prenez garde de laisser se flétrir ces fleurs embaumées, dont le soin vous est confié . » . . . . , . .

Quand l'orateur rappela d'une voix pleine d'émotion les souvenirs de la patrie et de ceux qui ne sont plus, l'assemblée tout entière, parents et enfants, fondit en larmes; il était impossible d'assister sans pleurer soi-même à cette scène si attendrissante; puis le R. P. Thro, parlant en français, s'adressa aux membres du Comité et leur dit : « Messieurs,
» en vous voyant, il me semble assister à une de ces scènes
» émouvantes du moyen-âge, où le seigneur, mêlé au vas-
» sal, prenait part à la fête de famille, et la relevait par sa
» présence.

» Oui, ici, dans ce sanctuaire, *Egalité* et *Fraternité* ne
» sont pas de vains mots. Vous vous effacez, Messieurs, pour
» vous mettre à l'unisson de ce bon peuple et fraterniser
» avec lui. Permettez-moi, Messieurs, de vous exprimer en
» cette circonstance solennelle les sentiments de ma plus
» vive gratitude. Non contents de protéger les familles de
» ces chers enfants par l'œuvre admirable que vous avez
» créée et soutenue avec une générosité égale à votre cha-
» rité, vous avez voulu vous substituer, en quelque sorte, à
» leurs pères et mères par les soins délicats et généreux
» pour tout ce qui concerne les exigences de cette fête. Aussi
» vos regards planent-ils avec bonheur sur ce groupe d'en-
» fants que vous avez mis à même de répondre dignement
» à la fête que vous présidez par leur mise modeste et con-
» venable.

» Ah! c'est en ce moment, Messieurs, que vous recevez
» la première récompense de tout ce que vous avez fait pour
» notre infortunée colonie alsacienne-lorraine. Ces enfants
» rendus à leur dignité d'homme et de chrétien, ces enfants
» préparés à soutenir avec honneur les épreuves de la vie;
» voilà votre œuvre, Messieurs. A vous l'initiative de la
» chrétienté alsacienne-lorraine dans notre ville ! — A vous
» aussi les prémices de cette première communion !

» N'en doutez pas, Messieurs, ces enfants se souviendront
» de vous, et vos noms, ils les prononceront avec autant

www.ingramcontent.com/pod-product-compliance
Lightning Source LLC
Chambersburg PA
CBHW071412030726
47594CB00006B/2412